Mariana S. Leone

Folter

Inhaltsverzeichnis

Einleitung

Folter ist eine der schwersten Verletzungen der Menschenrechte. Wie kaum andere Vergehen zeigt sie, welches Leid Menschen einander zufügen können. Trotz der Bemühungen, diese Praxis auszurotten, bleibt Folter weltweit Realität. Der Begriff Folter hat seine Wurzeln im lateinischen *torquere*, was »verdrehen« bedeutet. *Torquere* bezieht sich auf Mechanismen, bei denen die Gliedmaßen und Gelenke in unnatürlichen Winkeln verdreht und schließlich gebrochen werden. Folter ist eine nach internationalem Recht verbotene Praxis, die auch unter außergewöhnlichen Umständen nicht zulässig ist.

Basierend auf der Definition des Übereinkommens der Vereinten Nationen *gegen Folter und andere grausame, unmenschliche oder erniedrigende Behandlung oder Strafe* (1984) können wir Folter als die vorsätzliche Handlung definieren, einer Person, über die körperliche Kontrolle ausgeübt wird, schwere körperliche und/oder seelische Schmerzen und/oder Leiden zuzufügen. Anders als bei Grausamkeit oder Sadismus ist der Schmerz bei der Folter kein Selbstzweck, sondern hat ein anderes Ziel. Der Zweck des Schmerzes besteht darin, den Menschen einzuschüchtern, zu bestrafen, den Willen des Subjekts zu brechen, Informationen zu erhalten oder ein Geständnis zu erzwingen.

Darüber hinaus versteht man Folter als eine Handlung, die von Polizei, Militärpersonal, Gefängniswärtern, Regierungsbeamten, Ärzten, Geheimdienstmitarbeitern oder einer anderen von einem Beamten autorisierten Person durchgeführt wird. Daraus ergibt sich eine Machtasymmetrie, bei der das Opfer nicht in der Lage ist, zu fliehen oder sich zu verteidigen. Es gibt auch Fälle, in denen Folter von einem nicht staatlichen

Akteur durchgeführt wird und gegen die der Staat nicht vorgehen will oder kann. Dabei kann es sich um bewaffnete Gruppen wie Terroristen, Paramilitärs, Banden oder Drogenhandelsnetzwerke handeln. Oft geschieht Folter in diesem Kontext an Orten, an denen der Staat nicht schützend präsent ist. Wenn wir über Schmerz sprechen, macht die körperliche Erfahrung (z. B. Stechen, Druck, Brennen) nur einen Teil des Leids aus. Auch extreme Geräusche, Gerüche oder Lichtentzug stellen Foltermethoden dar, denn sie rufen starke Vermeidungsreaktionen hervor und können körperliche Schäden verursachen. Anhaltender Schlafentzug kann sogar zu Organversagen oder dauerhafter Psychose führen (Kenny, 2009).

Die Schmerzen der Folter lösen Leid aus. Unter Leiden versteht man die Schädigung der eigenen Integrität; des subjektiven Bildes, das man von sich selbst hat, und des Wertes, den man sich selbst gibt. Ungerechtfertigte Hinrichtungen, Vergewaltigungsdrohungen, Drohungen gegen die Familie oder das Miterleben von Folter anderer Menschen können zudem Stressfaktoren sein, die so stark sind wie eigenes körperliches Leiden und auch diese können langfristige traumatische Folgen haben.

AKG34231

Einblattholzstich der Hexenverbrennung in Derenburg, in Umlauf gebracht durch die Nürnberger Hexenzeitung, die abschreckend wirken sollte und von den Foltermethoden berichtete.

Formen der Folter

Körperliche Folter

Körperliche Folter meint die Erzeugung von Schmerzen oder Leiden am Körper durch Schläge, Verstümmelungen, Verbrennungen unter Anwendung extremer Hitze oder ätzender Substanzen, Elektroschocks oder Ertrinkungssimulationen. Diese Art der Folter hinterlässt in der Regel sichtbare Spuren und Narben am Körper oder führt zu Organschäden.

Psychologische Folter

Psychologische Folter bezieht sich hauptsächlich auf die Erzeugung von geistigem und emotionalem Leiden durch anhaltende Isolation oder verbale Drohungen mit dem Ziel, Angst und Verzweiflung zu schüren. Darunter fällt auch, Personen durch Lügen oder falsche Versprechungen zu manipulieren. Zusehen zu müssen, wie eine andere Person gefoltert oder getötet wird, zählt außerdem zu psychologischer Folter. Auch die Bedrohung eines geliebten Menschen der gefolterten Person fällt darunter, da dies Schuldgefühle bei dem Folteropfer hervorruft.

Sexualisierte Folter

Dabei handelt es sich um eine Form der Folter, bei der sexuelle Gewalt eingesetzt wird, um einer Person Leiden durch Einschüchterung, Erniedrigung oder Demütigung zuzufügen. Unter sexuelle Folter zählt Vergewaltigung, sexueller Missbrauch, erzwungene Nacktheit und die absichtliche Verletzung von Geschlechtsorganen. Diese Art der Folter wird in der Regel aus diskriminierenden Gründen aufgrund des Geschlechts oder der sexuellen Orientierung begangen, was das Gefühl der Verletzlichkeit und Unterordnung nochmals verstärkt. Zu dieser Kategorie der Folter gehört auch, die persönlichen sexuellen Fortpflanzungsrechte einzuschränken, sei es durch Zwangssterilisation, Verweigerung einer sicheren und legalen Abtreibung oder durch die Genitalverstümmelung bei Frauen.

Folter durch die Umgebung

Auch extreme Umweltbedingungen stellen eine Art des Folterns dar. Die Umgebung kann in Bezug auf Temperatur, durch Reizüberflutung (z. B. ständiger Lärm oder helles Licht), sensorische Einschränkung (z. B. Dunkelheit oder absolute Stille), den Entzug von Wasser, Nahrung oder Schlaf oder durch die Gefangenschaft unter unhygienischen Bedingungen verändert werden. Zu dieser Kategorie gehört die sogenannte weiße Folter, bei der das Opfer entweder kontinuierlich sensorischen Reizen ausgesetzt ist oder ihm aber jegliche Sinnesreize fehlen. Diese Form der Folter führt bei den Opfern zu Überempfindlichkeit, Halluzinationen, Beeinträchtigungen in der Wahrnehmung und zu Orientierungslosigkeit, was sich auf das Schlafverhalten auswirkt.

Pharmakologische Folter

Diese Art der Folter beschreibt die Verabreichung von Chemikalien, Beruhigungsmitteln oder Drogen um einer Person körperliche Schäden zuzufügen oder ihre Orientierung einzuschränken. Auch einer Person ihre benötigten Medikamente zu verweigern, zählt zu pharmakologischer Folter.

Folter durch Einschränkung der Bewegungsfreiheit

Zu dieser Kategorie gehören alle Foltermethoden, die das Opfer zwingen, über längere Zeiträume in schmerzhaften Positionen zu verharren oder das Vorgehen, die Opfer in sehr kleinen Räumen, wie Isolationszellen oder Käfigen, einzusperren.

Japanische Mitglieder der Einheit 731 bei der Durchführung eines chemischen Experiments an einem Gefangenen in Nordostchina (zwischen 1937–1945). Die Einheit 731 war eine geheime Gruppe der Kaiserlichen Japanischen Armee, die chemische und biologische Waffen an Gefangenen und der Zivilbevölkerung testete sowie medizinische Versuche an Personen unternahm, die tödlich endeten.

Auswirkungen der Folter auf die Überlebenden

Unabhängig von den angewandten Foltermethoden müssen Menschen, die eine Folter überlebt haben, mit verheerenden Langzeitfolgen rechnen. Auf körperlicher Ebene können die Überlebenden unter anderem Frakturen, Prellungen, Verbrennungen, Narben, Infektionen, Nervenverletzungen, sexuell übertragbare Krankheiten, Genitalverletzungen, unregelmäßige Menstruation, Fehlgeburten, sexuelle Funktionsstörungen, Atemwegsprobleme, Ohrensausen und Hör- oder Sehverluste aufweisen.

Auf psychologischer Ebene können Überlebende Angst, Misstrauen oder Schreckhaftigkeit in Situationen zeigen, die sie an Folter und die damit verbundenen Erfahrungen erinnern. Sie leiden außerdem oft unter Schlafstörungen, Reizbarkeit,

Konzentrationsschwierigkeiten, Depressionen, Problemen mit dem Selbstwertgefühl, Schuldgefühlen und Scham.

Auf gesellschaftlicher Ebene sind Überlebende von Folter mit einer Vielzahl von Herausforderungen konfrontiert. Menschen, die aufgrund ihres Geschlechts, ihrer sexuellen Orientierung oder ihrer Herkunft Folter erlitten haben, werden oft auch in Gerichtsverfahren diskriminiert, wenn in diesen mit Geschlechter- oder Rassensstereotypen gearbeitet wird. Außerdem müssen sie häufig überhaupt erst einmal um die Annerkennung als Folteropfer kämpfen, damit sie Unterstützung, eine finanzielle Entschädigung und ein gerechtes Gerichtsverfahren erhalten. So gedenkt man der Folter und dem Mord an homosexuellen Häftlingen während des Nationalsozialismus zum Beispiel erst seit 1985. Die Folgen der Folter schränken das Opfer in seinem Alltag ein, entweder durch körperliche

Die Menschen demonstrieren gegen die Folter und Unterdrückung durch den König von Marokko, Mohammed VI (Fotografie vom 30. Juli 2017, Barcelona).

Während sich die liberalen, marxistischen und islamistischen Protestierenden in der Zeit der iranischen Revolution noch gemeinsam gegen den Schah stellten, wurden die liberalen und marxistischen Bewegungen in der neu gegründeten islamischen Republik ab 1979 von der Mitbestimmung ausgeschlossen, verfolgt und gefoltert. Auch in Deutschland bekundeten einige Personen ihre Solidarität mit den politischen Gefangenen im Iran, so wie hier in West-Berlin am 11.11.1981.

Schäden, durch Probleme am Arbeitsplatz oder durch Schwierigkeiten, überhaupt eine Arbeit zu finden.

Wenn der Überlebende unter psychischen Folgen leidet, fällt es ihm oder ihr womöglich schwer, vertrauensvolle Beziehungen aufrecht zu erhalten oder solche zu knüpfen. Dass die Angehörigen mitunter wenig Verständnis für das Erlebte aufbringen, schweigen oder selbst unter der Situation leiden, hindert das Opfer in seinem Heilungsprozess.

Angesichts dieser Auswirkungen von Folter ist es unerlässlich, Maßnahmen zur Wiedergutmachung des verursachten Schadens zu entwickeln und umzusetzen. Individuelle Wiedergutmachungsmaßnahmen bestehen darin, den Überlebenden die Möglichkeit zu geben, ihre Ansprüche auf Gerechtigkeit prüfen zu lassen. Diese umfassen den Anspruch auf medizinische Nachversorgung, finanzielle Entschädigung, sowie die Rehabilitation und Unterstützung bei ihrer Wiedereingliederung in die Gesellschaft. Kollektive Wiedergutmachungsmaßnahmen bestehen darin, das Leiden aufgrund eines Identitätsmerkmals (wie sexuelle Orientierung, politische Haltung oder ethnische Herkunft) anzuerkennen und diese diskriminierten Gruppen wahrzunehmen und zu schützen (Rodríguez Díaz, A. et al., 2024).

Zusammenwirkend sollen die individuellen und kollektiven Wiedergutmachungen Gerechtigkeit für die Opfer herstellen.

Historische Entwicklung der Folter

Antike

Folter war in den antiken Zivilisationen Griechenlands und Roms eine allgemein akzeptierte Praxis um Informationen über ein Verbrechen zu erhalten oder einen Verräter zu bestrafen. Folter war also ein öffentlicher Akt, der die Macht des Staates hervorhob und davor abschrecken sollte, Verbrechen zu begehen. In Griechenland wurde Folter nur dann an Bürgern angewendet, wenn sie im Verdacht standen Verbrechen begangen zu haben. In der Regel wurde Folter bei Sklaven, Ausländern und Kriegsgefangenen eingesetzt, um Informationen zu erhalten oder um diese in einem Zivilprozess aussagen zu lassen. Man hielt Folter für den einzigen Weg, glaubwürdige Aussagen zu erhalten. Auch in Rom wurde Folter eingesetzt, um Sklaven zu verhören oder Verbrecher zu bestrafen. Die Römer verwendeten dabei Techniken wie Kreuzigung, Auspeitschung, Pfählung oder zwangen zum Kampf gegen Raubtiere im Amphitheater.

Mittelalter und frühe Neuzeit

Auch im Mittelalter war die Folter ein Instrument der Justiz, das vor allem an Ausländern oder Sklaven praktiziert wurde, wenn sie als Verdächtige eines Verbrechens galten und Hinweise gegen sie vorlagen. Ab dem zwölften Jahrhundert wurde die Anwendung der Folter auf Bürger ausgeweitet. Das mittelalterliche Gesetzbuch verlangte zwei Augenzeugen und ein Geständnis, um jemanden eines Verbrechens für schuldig zu erklären. Fehlte eines dieser Kriterien, so konnte die verdächtige Person gefoltert werden, um ein Geständnis zu erzwingen (Einolf, 2007).

Bis in die frühe Neuzeit hinein stellte Folter eine gängige Methode in Gerichtsprozessen dar. Der um 1880 entstandene Holzstich zeigt ein Gerichtstribunal des 15. Jahrhundert.

Darüber hinaus wurde die Folter häufig zu einer Technik, die mit richterlicher Willkür verbunden war und religiös oder politisch motiviert war, um Ketzerei und Zauberei zu bekämpfen. Eine der bekanntesten Einrichtungen zur Verfolgung und Verurteilung von Ketzerei ist die Spanische Inquisition. Sie konzentrierte sich unter dem Schutz der spanischen Könige und der Autorität des Papstes auf die Verfolgung von zum Christentum konvertierten Muslimen und Juden, denen vorgeworfen wurde, ihre ursprünglichen religiösen Praktiken beibehalten zu haben. Die *Heilige Inquisition* war eine solche Institution der katholischen Kirche, die Folter als Methode anwand, um ein Geständnis herbeizuführen. Diese Einrichtungen befanden sich auf dem Gebiet des heutigen Spaniens, Frankreichs, Italiens und Portugals und ihre Tätigkeit erstreckte sich bis ins 19. Jahrhundert. Im 17. Jahrhundert ging die Inquisition auch gegen den italienischen Physiker Galileo Galilei (1564–1641) vor. Dieser bewies, entgegen der damaligen Auffassung der Kirche, dass nicht die Sonne sich um die Erde, sondern die Erde sich um die Sonne dreht. Zu den aus dieser Zeit bekannten Folterinstrumenten gehört das Gestell, das die Gliedmaßen des Opfers streckte und oft zu einer Zerstückelung führte, oder die Folter durch Wasser, um Ertrinken zu simulieren. Diese Foltermethode, das sog. Waterboarding, wurde mitunter von US-Soldaten im Vietnamkrieg oder im Gefängnis von Guantanamo Bay nach den Anschlägen vom 11. September angewendet.

Moderne

Auch in der Neuzeit blieb die Folter ein gängiges Verfahren für Verhöre und Bestrafungen in Fällen von Hochverrat und Verbrechen. Erst im 18. Jahrhundert begann man die unter Folter erzwungenen Geständnisse infrage zu stellen. Dies hatte auch mit einer neuen Bewertung von körperlichem und seelischem Schmerz zu tun. Wenn man früher Schmerz als notwendig befand, um Sünden zu sühnen, wurde durch das Aufkommen medizinischer Studien Schmerz zunehmend als negativ betrachtet. Man begann, Schmerzen zu vermeiden. Aus diesem Kontext heraus wurde die Guillotine erfunden, die in Frankreich während der Revolution 1789 zur Enthauptung eingesetzt wurde. Die Erfindung wurde in der französischen Nationalversammlung als »humaner« Hinrichtungsmechanismus gelobt. Während im Mittelalter Foltergestelle wie das Rad verwendet wurden, das langsam und schmerzhaft zum Tod führte, galt es nun, unter geringstmöglichen Schmerzen zu töten.

Mit den aufklärerischen Ideen des menschlichen Fortschritts entstand das 1764 von Cesare Beccaria veröffentlichte Werk »Über Verbrechen und Strafen«. In diesem Werk schlug der Autor die Reform des Straf- und Verfahrenssystems vor und kritisierte sowohl die Grausamkeit der Folter als auch ihre Anwendung auf eine Person, die noch nicht für schuldig befunden wurde. Außerdem bestritt Beccaria die Annahme, dass Folter dazu dient, die Wahrheit eines Geständnisses zu erlangen. Das Buch löste eine Bewegung aus, die seit Ende des 19. Jahrhunderts in vielen westlichen Ländern zur formellen Abschaffung der Folter aus der prozessualen Rechtspraxis führte. Für Autoren wie Michel Foucault war der Rückgang der Folter in Europa nicht so sehr auf die Aufklärungsbewegung und ihre Kritik zurückzuführen, sondern sie wurde durch neue Techniken der Überwachung und der Kontrolle ersetzt, die Strafen vereinheitlichten sowie wirtschaftliche und politische Kosten reduzierten (Einolf, 2007).

Gegenwart

Während des 19. Jahrhunderts kam es zu einem Rückgang der Folter in den europäischen Staaten.

Das Folterverbot wurde bereits 1787 in die Verfassung der Vereinigten Staaten von Amerika aufgenommen. Doch obwohl zahlreiche Staaten die Folter abschafften oder sogar internationale Erklärungen und Verträge zum Schutz der Menschenrechte verfassten, wurde Folter weiterhin durchgeführt. Dies

United Archives/TopFoto/SZ Photo 5.01432946

Kenia November 1952: Verdächtige warten darauf, von der britischen Polizei verhört zu werden.

geschah jedoch im Verborgenen in staatlichem Auftrag oder durch die willkürliche Beugung des Gesetzes. Die zwei Weltkriege, mehrere faschistische und kommunistische totalitäre Regime, die Entkolonialisierungskriege in Afrika und Asien und der Kalte Krieg wurden zu Kontexten, die Folterpraktiken begünstigten.

In Europa folterte das NS-Regime Personen, um an Informationen zu gelangen. In den Konzentrationslagern gehörten medizinähnliche Experimente zu den Folterpraktiken.

Das sowjetische Regime wandte Folter gegen politische Gegner an. Bei vielen Gelegenheiten wurden Geständnisse von Sabotage und Spionage auch aufgrund ethnischer Zugehörigkeit, sexueller Orientierung, sozialer Schicht oder Religion verlangt. Zwischen Dezember 1949 und September 1951 wurde in Rumänien das sogenannte Pitești-Experiment durchgeführt. Durch gewaltsame Methoden (z. B. Schläge, öffentliche Demütigung, Eintauchen in Fäkalien, Verbrennungen und psychologische Manipulation) wurden junge politische Wiederständige, Gläubige und auszubildende Priester »umerzogen«, um mit ihren früheren Loyalitäten zu brechen.

In Afrika, im Nahen Osten und in Asien setzten die europäischen Kolonialregime Folter ein, um Unabhängigkeitsbewegungen zu infiltrieren, zu unterdrücken und abzuschrecken. In den Jahren 2013 und 2018 erkannten Großbritannien und Frankreich die institutionalisierte Folter in der Zeit der Mau-Mau-Aufstandsbewegung und des algerischen Unabhängigkeitskriegs im Kontext der Kolonialverwaltung an. In ähnlicher Weise wandten in Asien die kommunistischen Regierungen in China, Kambodscha, Laos, Vietnam oder Nordkorea in großem Umfang Folter an. Das Regime der Roten Khmer in Kambodscha, das zwischen April 1975 und Januar 1979 nur 45 Monate an der Macht war, zwang fast drei Millionen Kambodschaner in den Hungertod, verübte medizinische Experimente und ordnete Zwangsarbeit, Folter und Hinrichtungen an. Ebenso wurden in den Anfängen der Volksrepublik China (1949–1958) und während der Kulturrevolution (1966–1976) Millionen von Menschen verfolgt

Picture alliance 6128229

Bilder aus den Folterzentren der argentinischen Militärdiktatur von 1976 bis 1983. Politische Aktivisten und ihre Familien wurden in der Zeit der Videla-Diktatur in über 700 Foltereinrichtungen verschleppt.

und misshandelt, um den gesellschaftlichen Wandel durchzusetzen. Bei dem Massaker von Guangxi in Wuxan wurden 100.000 bis 150.000 Menschen zu Tode geprügelt, ertränkt oder gesteinigt und später von anderen verschlungen – angestiftet von den örtlichen Büros der Kommunistischen Partei.

Während des Kalten Krieges ließen Militärdiktaturen in Argentinien, Brasilien, Chile und Uruguay in Lateinamerika Bürger verschwinden, foltern und hinrichten. Auch die aufständischen Bewegungen, die in Nicaragua oder Kuba an die Macht kamen, folterten.

Eingang zum Camp Delta in Guantánamo auf Kuba. Da die Kapazitäten des einstigen Camps X-Ray nicht ausreichten, richtete die US Navy ein zweites Gefangenenlager ein. Dieses besteht bis heute. Über 750 Menschen waren dort inhaftiert und mussten auch Folter erfahren.

Auch wenn Folter weiterhin Anwendung fand, wurde es im 20. Jahrhundert Konsens, dass Folter nach internationalem Recht ein Verbrechen ist und unter keinen Umständen gerechtfertigt werden kann. Im Jahr 1948, nach den Schrecken des Zweiten Weltkriegs, verurteilte die internationale Gemeinschaft *Folter und andere grausame, unmenschliche oder erniedrigende Behandlung* durch die Allgemeine Erklärung der Menschenrechte. Diese Erklärung ebnete den Weg für andere internationale Konventionen und Verträge, Fonds, Ausschüsse und Mandate, die Staaten mit Folterpraxis zur Verantwortung ziehen. Außerdem stärkt die Erklärung Nichtregierungsorganisationen und soziale Bewegungen, Druck auf Staaten auszuüben, die Menschenrechte zu schützen.

Das 21. Jahrhundert hat gezeigt, dass der Kampf zwischen staatlicher Macht und Menschenrechten weitergeht und dass die Abschaffung der Folter eine Herausforderung bleibt. Die Terroranschläge von Al-Qaida auf die Vereinigten Staaten im September 2001 und die Maßnahmen der Bush-Regierung zur

Terrorismusbekämpfung im Irak und in Afghanistan eröffneten ein neues Kapitel in der historischen Entwicklung der Folter. Einige Regierungen versuchen heute, die Einschränkung eines ordnungsgemäßen Verfahrens zu rechtfertigen, indem sie Folter als außergewöhnliche Reaktion zur Verhinderung von Terrorismus legitimieren (Greenberg & Dratel, 2005).

Gegenwärtig gibt es viele Menschen, die behaupten, dass Folter unvermeidlich sei, weil sie glauben, dass sie Informationen und Sicherheit bietet, aber Folter ist nicht nur unwirksam, wenn es darum geht, Informationen zu erhalten, sondern setzt auch den Kreislauf der Gewalt fort.

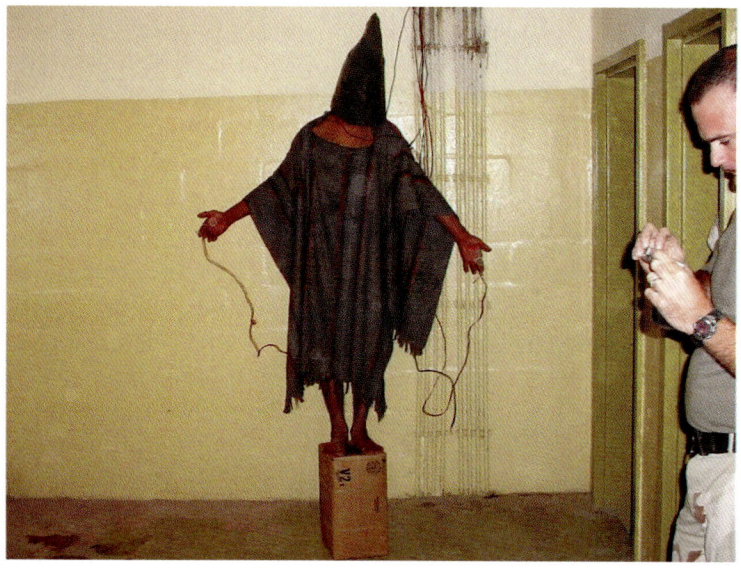

Wikipedia

Das Bild des mit Elektroschocks gefolterten Ali al-Quasi steht sinnbildlich für die Foltermethoden an irakischen Häftlingen während der Besetzung Iraks durch die Vereinigten Staaten. Dem Insassen wurde gedroht, er erleide tödliche elektrische Schläge, sollte er von der Kiste fallen. Heimliche Aufnahmen der Presse deckten die Haftbedingungen für die zum großen Teil unschuldigen Insassen auf und führten zu einem weltweiten Skandal.

Der Kampf für das Verbot der Folter

Trotz der weiteren Ausübung von Folter markiert das 20. Jahrhundert den Wendepunkt in dem Umgang mit der menschenverachtenden Praxis. Das zeigt sich in internationalen Bewegungen, die sich bemühen, ein allgemeines Verbot der Folter rechtlich zu verankern.

Internationale und regionale Rechtsinstrumente gegen Folter
Folter ist in allen internationalen Übereinkünften verboten, und ihr Verbot ist Teil des Völkergewohnheitsrechts. Das bedeutet, dass es sich um eine unabänderliche Norm handelt und dass sie für alle Mitglieder der internationalen Gemeinschaft verbindlich ist. Ebenso darf das Folterverbot unter keinen Umständen eingeschränkt werden, sei es im Kriegszustand, in politischer Instabilität oder in einem öffentlichen Notstand.

Nach der Allgemeinen Erklärung der Menschenrechte (1948) und den Genfer Konventionen (1949) wurden Institutionen eingerichtet, die sich speziell mit dem Folterverbot befassen. So wurde 1981 der Freiwillige Fond der Vereinten Nationen für Folteropfer etabliert, der Organisationen, die Opfern und ihren Angehörigen Hilfe leisten, finanziert. 1985 wurde der erste UN-Sonderberichterstatter über Folter ernannt, der jährlich über Folter in der Welt berichtet. Die Vereinten Nationen verfassten außerdem die *Resolution der Vereinten Nationen gegen grausame, unmenschliche oder erniedrigende Behandlung oder Strafe.* Diese Erklärung über den Schutz gegen Folter trat 1987 in Kraft.

Außerdem definierte sie Folter und legte fest, dass das Verbot allgemeingültig ist und nicht durch ein anderes

Sitzungssaal des Menschenrechtsrats der Vereinten Nationen in Genf. Das Gremium beobachtet und überprüft die Menschenrechtssituation weltweit. Die Kuppel gestaltete der spanische Künstler Miquel Barceló, sie soll ein schäumendes Meer darstellen.

internationales Instrument oder durch nationale Rechtsvorschriften relativiert werden kann. Die Vertragsstaaten sind dazu verpflichtet, entschlossene Schritte zu unternehmen, um die Einhaltung zu garantieren. Die daraus entstandene Antifolterkonvention der Vereinten Nationen setzte auch einen Anti-Folter-Ausschuss ein, der sich aus zehn unabhängigen Menschenrechtsexperten zusammensetzt, die keinen Staat vertreten und der die Einhaltung der Vorschriften durch die Vertragsstaaten überwacht. Außerdem besucht und untersucht der Ausschuss Gebiete, bei denen der Verdacht besteht, dass Folter systematisch praktiziert wird, und er kann den verantwortlichen Staat zur Rechenschaft ziehen, wenn Verstöße festgestellt werden.

Bis 2024 sind 174 Staaten der Antifolterkonvention beigetreten, doch viele von ihnen kriminalisieren Folter immer noch nicht konsequent. Sie versäumen es, die Misshandlung marginalisierter oder gefährdeter Gruppen zu verhindern und gehen Beschwerden kaum oder gar nicht nach.

Zusätzlich zu den Einrichtungen der Vereinten Nationen gibt es in Amerika, Afrika, Europa und den arabischen Ländern Chartas und Menschenrechtserklärungen, die Folter verbieten. Sowohl die Organisation Amerikanischer Staaten (OAS), als auch der Europarat arbeiteten in den 1980er Jahren spezifische Konventionen zum Verbot und der Bestrafung von Folter aus. Diese Instrumente verstärken die international entwickelten Normen sowie die regionalen Organisationen, die an ihnen arbeiten. Sie sind von entscheidender Bedeutung, wenn es darum geht, Druck auf Staaten auszuüben, die Folter noch nicht konsequent unterbinden. Darüber hinaus richtete der Europarat einen Expertenausschuss ein, der sich aus Fachkundigen aus den Bereichen Recht, Medizin, Strafvollzug und Polizei zusammensetzt und der Haftanstalten (Gefängnisse, Jugendstrafanstalten, Polizeistationen, Haftanstalten für Einwanderer oder psychiatrische Kliniken) besucht, um die Behandlung von Insassen zu bewerten.

Organisationen und Bewegungen gegen Folter

Viele der Veränderungen, die im Kampf gegen Folter stattgefunden haben, sind auf transnationale Advocacy-Netzwerke zurückzuführen. Ein transnationales Advocacy-Netzwerk setzt sich aus nichtstaatlichen Akteuren zusammen, die auf internationaler, nationaler und lokaler Ebene zu einem gemeinsamen Thema wie Folter arbeiten. Diese Organisationen sind durch gemeinsame Werte verbunden und tauschen Informationen aus. Ihre Aufgabe besteht in erster Linie darin, Akteure wie Staaten und regionale Organisationen unter Druck zu setzen, ihre Politik zu verändern. Darüber hinaus wollen die Netzwerke Aufmerksamkeit schaffen, die Themen verständlich aufbereiten, so sensibilisieren und die Opfer im Falle von Folter unterstützen.

Das transnationale Netzwerk für Menschenrechte der Vereinten Nationen setzt sich aus Nichtregierungsorganisationen

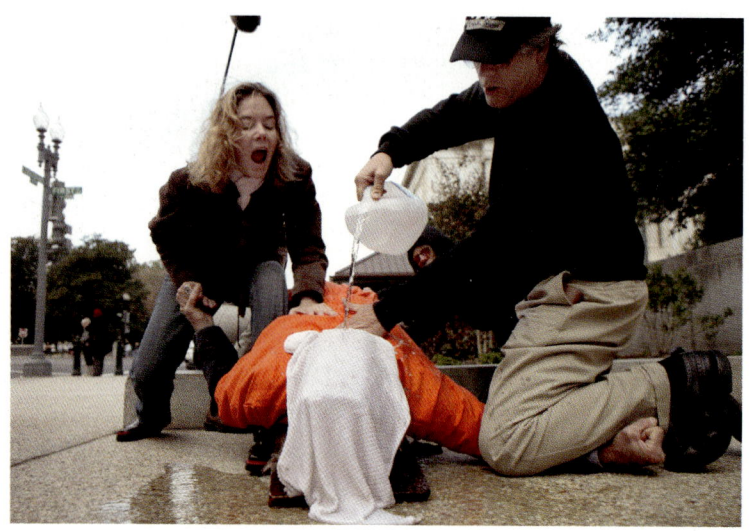

Menschenrechtsaktivisten demonstrieren in Washington D.C. an einem Freiwilligen das Waterboarding (simuliertes Ertränken).

(NGOs) sowie sozialen Bewegungen zusammen. Einige NGOs sind die *Weltorganisation gegen Folter (OMCT), Amnesty International, Human Rights Watch,* der *Internationale Rehabilitationsrat für Folteropfer, REDRESS,* die *Vereinigung zur Verhütung von Folter,* die *Internationale Juristenkommission (IGH), Ärzte für Menschenrechte* oder der *Internationale Rat für Folteropfer.* Sie alle spielten und spielen weiterhin eine grundlegende Rolle bei der Kontrolle, ob die Staaten ihre selbst gesetzten Normen zur Beachtung der Menschenrechte einhalten. Ein Beispiel für die von NGOs geförderten Regulierungsinitiativen ist die Arbeit von Amnesty International und der Omega Research Foundation, die die Europäische Union dazu veranlasst haben, die weltweit erste rechtsverbindliche Verordnung zur Kontrolle des Handels mit Folterinstrumenten wie Stachelknüppeln, Westen zum Anlegen von Elektroschocks oder Handschellen zu erlassen.

Die sozialen Bewegungen bestehen aus Folterüberlebenden, Angehörigen von Opfern und Bürgern, die sich für den

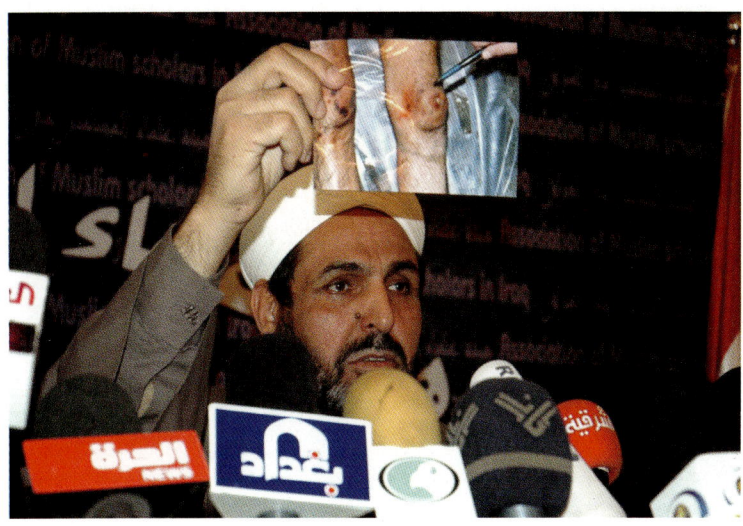

IMAGO 0050990117

Menschenrechtsaktivisten nutzen die Öffentlichkeit, um gegen Folter zu kämpfen, indem sie auf die Situation oppositioneller Gruppen und diskriminierter Personen aufmerksam machen. Abdul Salam al-Kubaisi, der Pressesprecher des Rats Muslimischer Geistlicher präsentiert den Journalisten ein Foto der Misshandlung in einem geheimen Gefängnis des Irakischen Innenministeriums in Bagdad, Irak.

Schutz der Menschenrechte einsetzen. Die Bewegungen organisieren Proteste, Aufklärungskampagnen, unterstützen die Opfer und üben politischen Druck aus. Zwei Beispiele für diese Bewegungen sind die *Madres de Plaza de Mayo* und die Bewegung des *Chicago Torture Justice Center*. Bei den *Madres de Plaza de Mayo* handelt es sich um eine argentinische Organisation, die 1977 während der Diktatur von Jorge Rafael Videla gegründet wurde. Sie setzt sich aus einer Gruppe von Frauen zusammen, die sich vor der Casa Rosada, dem argentinischen Präsidentenpalast, versammelten, um die Rückgabe ihrer Kinder zu fordern, die seit 1976 willkürlich inhaftiert wurden. Bis 1983, während der Jahre der argentinischen Diktatur, wurden sie verfolgt. Das Ziel der Organisation bleibt, die Leichen der verschwundenen Kinder und Enkelkinder zu bergen und auf

Jeden Donnerstag demonstrieren die *Madres de la Plaza de Mayo*, um den während der argentinischen Militärdiktatur verschwundenen Kindern zu gedenken. Sie fordern eine tiefgehende Aufarbeitung der Verbrechen.

die Strafverfolgung der Verantwortlichen für Verbrechen gegen die Menschlichkeit an fast 30.000 Menschen zu drängen.

Das *Chicago Justice Torture Center* entstand durch den Zusammenschluss von verschiedenen zivilen Bewegungen, die die Polizeigewalt und Folter des Chicago Police Department unter der Leitung des Polizeikommandanten Jon Burge zwischen den Jahren 1972 und 1991 anprangerten. Viele Jahre lang wurden mehr als 100 Afroamerikaner in Chicago entführt und durch Elektroschocks, extreme Hitze und Schläge gefoltert, um sie zu Geständnissen von Verbrechen zu zwingen, die sie nicht begangen hatten. Jahrzehntelang kämpften die Angehörigen der Opfer, Anwälte und Aktivisten dafür, dass Commander Burge und seine Untergebenen vor Gericht gestellt werden. Zu ihren Erfolgen gehört die Aufhebung von vier der zehn Todesurteile gegenüber den Opfern. Burge wurde schließlich wegen Meineids und Behinderung der Justiz im Jahr 2010 verurteilt. 2015 wurden vom Stadtrat

Entschädigungen und Wiedergutmachungen für die Überlebenden der Polizeifolter gewährt.

Universelle Gerichtsbarkeit

Traditionell verfolgen Staaten mit ihren nationalen Gerichten Personen, die beschuldigt werden, in ihrem Hoheitsgebiet Straftaten begangen zu haben, unabhängig von der Staatsangehörigkeit des Opfers oder des Angeklagten. Nach internationalem Recht können nationale Gerichte auch mutmaßliche Täter von Verbrechen verfolgen, die außerhalb des Staatsgebiets begangen wurden, wenn der Täter oder das Opfer ein Staatsangehöriger ist. Zudem gibt es eine Form der universellen Gerichtsbarkeit, die vorsieht, dass die nationalen Gerichte eines Staates den mutmaßlichen Täter eines Verbrechens überall auf der Welt verfolgen können, unabhängig von der Staatsangehörigkeit des Angeklagten oder des Opfers, wenn es sich bei dem

Wikipedia Vysotsky

Der Internationale Strafgerichtshof befindet sich in Den Haag. Dieser ist für das Völkerstrafrecht zuständig, um Völkermord, Verbrechen gegen die Menschlichkeit, Verbrechen der Aggression und Kriegsverbrechen zu verfolgen.

Verbrechen um Völkermord, Verbrechen gegen die Menschlichkeit, Kriegsverbrechen, außergerichtliche Hinrichtungen oder Folter handelt.

Mit dem Ziel, Straflosigkeit von Tätern zu bekämpfen, einigte sich die Staatenkonferenz der Vereinten Nationen in Rom 1998 auf das Römische Statut, dem Gründungsinstrument des Internationalen Strafgerichtshofs. In diesem wurde festgelegt, dass Völkermord, Verbrechen gegen die Menschlichkeit, Kriegsverbrechen und das Verbrechen der Aggression nicht verjähren. Der Gerichtshof darf diese Verbrechen verfolgen. Bis 2024 sind 124 Staaten dem Internationalen Strafgerichtshof beigetreten. Die Vereinigten Staaten, China, Russland und Israel gehören bisher nicht dazu.

Fortschritte und Herausforderungen bei der Abschaffung von Folter

Folter ist die Ausübung vorsätzlicher Gewalt und von Macht, die sich auf vielfältige Weise zeigt und sehr schwerwiegende und langfristige physische, psychologische und soziale Folgen für das Opfer, für seine Familie und für seine Gemeinschaft mit sich bringt. Diese kriminelle Handlung wird von Staaten oder auch von nichtstaatlichen Akteuren auf Veranlassung oder Unterlassung des Staates begangen. Obwohl jeder Opfer von Folter werden kann, gibt es verschiedene Faktoren und Kontexte, die die Menschen einem größeren Risiko gefoltert zu werden, aussetzen. Faktoren wie Rasse, Geschlecht, sexuelle Orientierung, ethnische oder nationale Herkunft, Zugehörigkeit zu religiösen oder politischen Minderheiten, wirtschaftliche Bedingungen oder bewaffnete Konflikte erhöhen die Wahrscheinlichkeit, Folter zu erleiden.

Akteure, die versuchen, Folter zu legitimieren, bezeichnen bestimmte Individuen als Repräsentation des Bösen, berauben sie damit ihrer Menschlichkeit und verwandeln eine politische, wirtschaftliche oder soziale Herausforderung in ein außergewöhnliches Sicherheitsproblem. Ziel dieser Argumentation ist, Menschenrechte außer Kraft zu setzen und den Handlungsspielraum der Mächtigen massiv zu erweitern.

Im Laufe der Jahrhunderte hat sich die Wahrnehmung von Folter zu einer als kriminell angesehenen Praxis gewandelt, die vom Völkerrecht verfolgt und von Staaten, Organisationen und Bürgern, die sich für die Menschenrechte einsetzen, überwacht wird. Wenngleich Folter von staatlichen Einrichtungen und zivilen Akteuren bekämpft wird, wird heute noch immer in vielen Staaten der Welt gefoltert (Sveaass, 2023). Dabei ist die Abschaffung dieser Menschenrechtsverletzung nicht nur eine rechtliche oder politische Frage. Es ist ein moralischer Imperativ, der uns alle betrifft.

Literaturhinweise

Kenny, P. D. (2009) »The meaning of torture«. *Polity, 42(2),* 2–25

Einolf, C. J. (2007) »The Fall and Rise of Torture: A Comparative and Historical Analysis«. *Sociological Theory, 25(2),* 101–121.

Greenberg, K. J., & Dratel, J. L. (Eds.). (2005). *The torture papers: The road to Abu Ghraib.* Cambridge University Press.

Rodríguez Díaz, A., Amito, P., Bardèche, J., Naseer, M., Terranova, I., Vicente, A., Sanchis, E. y Skilbeck, R. (2024) »Reparación para sobrevivientes de tortura«. Nota práctica 10. REDRESS.

Sveaass, N. (2023). »The politics of torture: legal, social and political dynamics«. En *Research Handbook on the Politics of Human Rights Law* (pp. 166–193). Edward Elgar Publishing.